Marina Glasenapp

Festliche Fensterbilder

(Anleitung Seite 14)

Fotos: frechverlag GmbH + Co. Druck KG, 70499 Stuttgart;
Fotostudio Ullrich & Co., Renningen

Dieses Buch enthält:
4 Vorlagenbogen

Auflage: 5. 4. 3. 2. 1. | Letzte Zahlen
Jahr: 2005 2004 2003 2002 2001 | maßgebend

frechverlag GmbH + Co. Druck KG, 70499 Stuttgart
ISBN 3-7724-2830-4 · Best.-Nr. 2830
Druck: frechverlag GmbH + Co. Druck KG, 70499 Stuttgart

Liebe Fensterbild-Begeisterte,

gerade in der Weihnachtszeit schmücken wir gerne unser Zuhause mit festlichen Dekorationen.

Wenn Sie mit den selbst gefertigten Fensterbildern Ihre Fenster schmücken, werden nicht nur Sie viel Freude daran haben, sondern sicher auch der eine oder andere Spaziergänger. Gestalten Sie sich einen traditionellen Lichterbogen oder einen rustikalen Früchtekranz. Der bunte Nikolausstiefel eignet sich nicht nur fürs Kinderzimmer – er findet vielerlei Verwendung in der Winterzeit.

Wenn die Weihnachtszeit vorbei ist und es für die Frühlingsmotive noch zu früh ist, bietet Ihnen mein Buch noch eine Vielzahl von weiteren Motiven, die Sie in dieser Zeit zur Dekoration verwenden können. Ein verschneiter Baum, eine Blockhütte im Winterwald oder ein Vogel unter Tannenzapfen machen die kalte Jahreszeit so richtig gemütlich!

Es macht mir viel Freude die verschiedenen Motive zu entwerfen und zu gestalten. Darum wünsche ich auch Ihnen viel Freude beim Gestalten der festlichen Fensterbilder und eine schöne Weihnachts- und Winterzeit!

Ihre Marina Glasenapp

Material

- Tonkarton und Tonpapier in verschiedenen Farben
- Cutter
- Schneideunterlage
- Schere
- Lineal
- Evtl. Pauspapier/ Blaupapier
- Transparentpapier
- Bleistift
- Kugelschreiber
- Klebstoff
- Nähnadel
- Garn

So wird's gemacht

Anhand der blau-silbernen Glocke erläutere ich Ihnen, wie die Fensterbilder angefertigt werden.

1 Zuerst wird das gewünschte Motiv mit einem Bleistift auf Transparentpapier abgepaust.

2 Übertragen Sie nun die Konturen auf Tonkarton, indem Sie die Linien mit einem Kugelschreiber kräftig nachfahren. Sie können aber auch Pauspapier verwenden.

3 Jetzt werden die Teile mit Schere und Cutter ausgeschnitten.

4 Abschließend werden die Teile zusammen- oder aufgeklebt. Mit Nadel und Nähgarn wird das fertige Motiv aufgehängt.

Meine Tipps

- Wenn das Zusammenkleben der Teile etwas kompliziert ist, wie z.B. beim Tannenbaum im Fensterrahmen (Seite 30), benutze ich einen kleinen Pappstreifen um den Klebstoff aufzutragen.
- Bei Motiven mit vielen kleinen Innenausschnitten benutzen Sie einen scharfen Cutter, das heißt die Klinge sollte ruhig etwas öfter abgebrochen werden; so bekommen Sie ein sauber ausgeschnittenes Motiv.
- Im Fachhandel erhalten Sie spezielle Schneideunterlagen, die für das Arbeiten mit dem Cutter besonders zu empfehlen sind.

Bitte beachten Sie

- Alle Materialangaben sind für das zweiseitige Gestalten der Fensterbilder angegeben. So sehen sie nicht nur von drinnen betrachtet schön aus, sondern auch von draußen.
- Wenn Sie ein Motiv nur einseitig arbeiten möchten, weil Sie es z.B. an die Wand oder einen Schrank hängen wollen, verringert sich Ihr Materialverbrauch entsprechend.

Verschneiter Baum

Schneiden Sie alle Teile laut Vorlagenbogen aus. Die Beeren werden auf dem Stechpalmenrahmen verteilt und auf beiden Seiten aufgeklebt. Kleben Sie die Schneeteile für den Baum beidseitig deckungsgleich auf. Anschließend befestigen Sie den Baum im Rahmen. Bis auf ein Bodenteil werden jetzt alle Schneeteile auf den Zaun geklebt.

Fixieren Sie dann den Zaun auf der anderen Seite des Rahmens. Zum Schluss wird das zweite Bodenteil deckungsgleich gegen das erste geklebt.

Dieses Motiv ist etwas aufwändiger zu gestalten, aber es eignet sich als Fensterschmuck auch noch nach der Weihnachtszeit!

Motivgröße
ca. 29 cm x 25 cm

Material
- Tonkarton in A3 in Grün
- Tonkarton in A 4 in Braun
- Tonkarton in A 5 in Blau und Weiß
- Tonkartonreste in Rot

Vorlagenbogen 1A

Tannengrün mit Schleife

Alle Teile werden in der angegebenen Anzahl ausgeschnitten. Die Äpfel, das Gebäck, die kleineren Sterne und zwei der größeren Sterne werden auf dem länglichen Tannengrün verteilt und von beiden Seiten deckungsgleich aufgeklebt.

Am unteren Rand kleben Sie dann die beiden Schleifenteile deckungsgleich auf.

Zum Schluss hängen Sie mit Nadel und Faden den dritten größeren Stern an die Schleife.

Motivgröße

ca. 40 cm x 16 cm

Material

- Tonkarton in A3 in Grün
- Tonkarton in A4 in Gold
- Tonkartonreste in Rot, Braun und Gold

Vorlagenbogen 1B

Tannengrün mit Kugeln

Fertigen Sie alle Teile laut Vorlagenbogen an. Jede Schleife bekommt vier goldfarbene Streifen und zwei kleinere Sterne.

Die Teile werden so aufgeklebt, dass die Schleifen später deckungsgleich zusammenpassen. Sind die Schleifen fertig, wird auf jede Seite des Tannengrüns eine Schleife geklebt.

Jetzt verteilen Sie die Monde und Sterne auf den Kugeln und kleben sie auf. Sie können sich dabei an der Abbildung orientieren. Wenn die Kugeln fertig sind, werden sie mit Nadel und Faden in verschiedenen Höhen unter das Tannengrün gehängt. Auch hierbei können Sie sich an der Abbildung orientieren.

Motivgröße
ca. 45 cm x 20 cm

Material
- Tonkarton in A3 in Rot
- Tonkarton in A4 in Grün
- Tonkarton in A5 in Rot und Gold

Vorlagenbogen 1B

Weihnachtstern in Weiß

Außendurchmesser
ca. 40 cm

Material
- Tonkarton in A3 in Gold und Grün
- Tonkarton in A4 in Weiß
- Tonpapierrest in Gelb

Vorlagenbogen 2A

Die einzelnen Teile schneiden Sie laut Vorlagenbogen aus. Für die Innenausschnitte benötigen Sie einen scharfen Cutter. Machen Sie sich an dem goldenen Stern und an den grünen Blättern eine Markierung, damit Sie sie später wie auf der Zeichnung abgebildet zusammenkleben können.

Kleben Sie zuerst auf beiden Seiten die weiße Blüte in das Blattwerk. Die gelben Punkte in der Blütenmitte werden pro Seite sechsmal oder nach Belieben aufgeklebt.

Zum Schluß wird das Blattwerk in den Stern geklebt. Sie können die Blüte mit dem Blattwerk auch ohne den Stern aufhängen.

Nikolausstiefel (Abbildung auf Seite 12/13)

Die Teile für den Stiefel schneiden Sie laut Vorlagenbogen in der angegebenen Anzahl aus. Kleben Sie zuerst einen weißen Stiefelrand von einer Seite oben an den Stiefel. Die weißen Streifen für die Zuckerstange werden beidseitig deckungsgleich aufgeklebt. An dem blauen Paket werden der ganze und der halbe Stern von beiden Seiten befestigt.

Anschließend kleben Sie das blaue Paket, die größere Orange, die Zuckerstange und die Walnuss mit dem unteren Rand an den weißen Stiefelrand.

Jetzt wird der zweite Stiefelrand deckungsgleich gegen den ersten geklebt. Das Tannengrün wird zwischen Zuckerstange und Orange befestigt.

Unten an der Stiefelsohle werden jetzt noch der Apfel und die kleinere Orange beidseitig deckungsgleich angeklebt. Hängen Sie mit einem Faden den Stern an die Zuckerstange und auf beiden Seiten drei Kekse an den Stiefel.

Motivgröße
ca. 32 cm x 22 cm

Material
- Tonkarton in A4 in Rot
- Tonkarton in A5 in Weiß und Grün
- Tonkartonreste in Orange, Blau, Gold, Rot , Hell- und Dunkelbraun
- Tonpapierreste in Weiß

Vorlagenbogen 2A

Nikolausstiefel

(Beschreibung auf Seite 10)

Stern in Blau-Silber

Jeder Stern wird einmal ausgeschnitten. Auf dem großen silbernen Stern verteilen Sie die drei kleineren blauen Sterne so, dass Sie die Sternenausschnitte verdecken.

Der große blaue Stern bekommt einen silbernen Stern ebenfalls so aufgeklebt, dass der Sternenausschnitt verdeckt ist. Richten Sie sich dabei nach dem Vorlagenbogen.

Motivgröße
ca. 40 cm x 25 cm

Material

- Tonkarton in A3 in Silber
- Tonkarton in A 5 in leuchtendem Blau

Vorlagenbogen 1A

Glocke in Blau-Silber

Motivgröße
ca. 35 cm x 20 cm

Material
- Tonkarton in A3 in Silber und Blau
- Tonkartonrest in Blau

Vorlagenbogen 2B

Alle Teile werden wie angegeben ausgeschnitten. Kleben Sie die große Schleife oben an die Glocke und das kleine Schleifenteil von der Rückseite dagegen.

Die kleinen blauen Schleifenteile werden von beiden Seiten am unterem Rand der Glocke aufgeklebt.

Lichterbogen

(Beschreibung auf Seite 18)

Lichterbogen

(Abbildung auf Seite 16/17)

Motivgröße
ca. 27 cm x 35 cm

Material
- Tonkarton in A3 in Rot
- Tonkarton in A5 in Grün
- Tonpapier in A5 in Gelb

Vorlagenbogen 2B

Für die feinen Innenausschnitte benötigen Sie einen scharfen Cutter. Schneiden Sie die Flammen und das Tannengrün jeweils zehnmal aus. Anschließend wird das Tannengrün am unteren Ende jeder Kerze von beiden Seiten deckungsgleich aufgeklebt.

Die Flamme kleben Sie ebenfalls deckungsgleich an das obere Ende der Kerzen.

Zum Aufhängen stechen Sie mit einer Nadel ein Loch in die Flamme der mittleren Kerze.

Vogel im Winter

Schneiden Sie alle Teile laut Vorlagenbogen aus. Die beiden größeren Schneeteile werden von beiden Seiten deckungsgleich auf das Tannengrün aufgeklebt. Orientieren Sie sich dabei an der Zeichnung auf dem Vorlagenbogen.

Jetzt kleben Sie das Tannengrün oben und seitlich in den Holzrahmen. Eines der beiden kleineren Schneeteile wird oben am Tannenzapfen fixiert und beides dann unten am Tannengrün. Das andere Schneeteil kleben Sie von hinten auf das Grün.

Zum Schluß wird der Vogel am unteren Rand befestigt.

Motivgröße
ca. 25 cm x 25 cm

Material
- Tonkarton in A3 in Braun
- Tonkarton in A5 in Grün, Weiß und verschiedenen Brauntönen

Vorlagenbogen 3A

Großer Weihnachtsstern

(Beschreibung auf Seite 22)

Große Weihnachtskugel

(Beschreibung auf Seite 32)

Großer Weihnachtsstern

(Abbildung auf Seite 20)

Außendurchmesser
ca. 40 cm x 28 cm

Material
- Tonkarton in A2 in Gold
- Tonkarton in A5 in Rot

Vorlagenbogen 3B

Aus goldfarbenem Tonkarton schneiden Sie den Stern aus. Verwenden Sie für die Innenausschnitte einen scharfen Cutter, um ein sauberes Ergebnis zu erzielen. Die Schleife wird zweimal ausgeschnitten und beidseitig an eine Sternspitze geklebt.

Kranz mit Früchten und Nüssen

Motivgröße
ca. 35 cm x 26 cm

Material
- Tonkarton in A3 in Grün
- Tonkarton in A4 in Gold
- Tonkartonreste in Orange und verschiedenen Brauntönen

Vorlagenbogen 3B

Schneiden Sie alle Teile in der entsprechenden Farbe aus. Die Anzahl finden Sie auf dem Vorlagenbogen. Auf dem Kranz verteilen Sie nun die Orangenscheiben, die verschiedenen Nüsse und die kleinen Sterne.

Kleben Sie alle Teile von beiden Seiten deckungsgleich auf. Zum Schluss wird die Schleife ebenfalls deckungsgleich am unteren Ende des Kranzes aufgeklebt.

Der größere Stern wird mit Nadel und Faden an die Schleife gehängt.

Motivgröße
ca. 20 cm x 37 cm

Material

- Tonkarton in A 4 in Braun, Grün und Weiß
- Tonkartonreste in Gelb und Weiß
- Tonpapierrest in Rot

Vorlagenbogen 4A

Verschneites Blockhaus

Schneiden Sie alle Teile in der angegebenen Anzahl aus. Die gelben Tür- und Fensterrahmen werden auf beiden Seiten aufgeklebt, ebenso die

dazugehörigen Schneeteile und der kleine Tannenzweig mit Schleife.

Die Schneeteile für Dach, Schornstein und Tannen kleben Sie beidseitig deckungsgleich auf. Befestigen Sie nun die große Tanne auf der einen und die kleine Tanne auf die andere Seite des Hauses.

Zum Schluss wird das Schneeteil für den Boden von beiden Seiten deckungsgleich fixiert.

Glocken im Sternenrahmen

Für den Sternenrahmen benötigen Sie etwas Geduld. Verwenden Sie einen scharfen Cutter für die Innenausschnitte. Sind alle Teile ausgeschnitten, wird die Schleife deckungsgleich an die Glocken geklebt. Danach kleben Sie die Glocken in den Sternenrahmen.

Motivdurchmesser
ca. 30 cm

Material
- Tonkarton in A3 in Gold
- Tonkarton in A4 in Rot und Blau

Vorlagenbogen 4B

Kranz mit Christrosen

Motivgröße
ca. 35 cm x 26 cm

Material
- Tonkarton in A3 in Grün
- Tonkarton in A4 in Weiß und Rot
- Tonpapierrest in Gold

Vorlagenbogen 3B

Die Blüten werden in der angegebenen Anzahl ausgeschnitten, ebenso die goldenen Blütenmitten und die rote Schleife. Kleben Sie die Blütenmitten in die entsprechenden Blüten.

Jetzt werden die Blüten auf dem Kranz verteilt und beidseitig deckungsgleich aufgeklebt.

Die Schleife fixieren Sie am unteren Ende des Kranzes ebenfalls deckungsgleich.

Weihnachtsbaum im Fenster

Alle Teile werden laut Vorlagenbogen ausgeschnitten. Kleben Sie den Tannenbaum in das Fenster. Die Kugeln und die kleinen Sterne werden auf beiden Seiten des Tannenbaumes verteilt und aufgeklebt. An die Baumspitze kleben Sie deckungsgleich einen der mittelgroßen Sterne. Die großen Sterne werden jeweils dreimal in verschiedenen Farben unten am Rahmen aufgehängt. Nach Belieben können Sie die Anzahl oder die Farbe der Sterne variieren.

Motivgröße
ca. 40 cm x 25 cm

Material
- Tonkarton in A3 in Weiß
- Tonkarton in A4 in Grün
- Tonkartonreste in Rot, Gelb und Blau
- Tonpapierreste in Rot, Gelb und Blau

Vorlagenbogen 4A

Große Weihnachtskugel

(Abbildung auch auf Seite 21)

Für die Innenausschnitte der Kugel benötigen Sie einen scharfen Cutter. Auf dem Stechpalmengrün verteilen Sie auf jeder Seite zehn Beeren und kleben sie auf. Je nach Geschmack können es auch mehr oder weniger sein.

Jetzt wird das Stechpalmengrün so an den oberen Rand der Kugel geklebt, dass auf jeder Seite einige Blätter zu sehen sind.

Motivgröße
ca. 32 cm x 27 cm

Material
- Tonkarton in A3 in Gold
- Tonkarton in A4 in Grün
- Tonkartonreste in Rot

Vorlagenbogen 3A